INSTANTE ETERNO
GUSTAVO H. SCHMITT

INSTANTE ETERNO
GUSTAVO H. SCHMITT

1ª edição, 2018 | São Paulo

LARANJA ● ORIGINAL

SUMÁRIO

POESIAS FEMININAS

Poema da mulher que chora	15
Poema da mulher que sorri	16
Poema da intimidade	17
Poema do amor livre	18
Mulher multidimensional	19
Poema da mulher marginal	20
Balada de uma mulher comum	21
A menina que contava estrelas	22
A poetisa	23
A viajante	24
Ode à Pagu	25
Do desejo incompleto	26
Do poema incompleto	27
Alice	28
Anita	29
Poema da mulher sem nome	30
Versos de um quarto de hotel	31
Beatriz	32
Poema da mulher que amava	33
A mulher de Damasco	34
A mulher mediterrânea	36
Cantora carioca	37
Cantora carioca II	38
Instante Eterno	39
A solidão e a solitude	40

O segredo dos seus olhos	41
Poema da mulher livre	42
Poema da mulher livre II	43
Coup de Foudre	44
Intimidade	45
Intimidade II	46
A menina e a borboleta	47
A caixa de Pandora	48
Baile de máscaras	49
Bilhete de despedida de uma quarta feira de cinzas	50
A menina do vestido listrado	51
Confissões ao piano	52

VERSOS DIVERSOS

Cores do Brasil	57
Cores dos Brasil (parte 2)	58
Brasil e o brasileiro	59
Lusofonia	60
Espelho	61
Preso na palavra presa	62
Carta a Carlos Drummond de Andrade	63
Quebra cabeças	64
Terra dos mil sóis	65
Instante Eterno II	66
Poema circense	67
Instante Eterno III	68
Poema à mulher amada	70
Paixão é pressa	71
Paixão é passarinho	72
Poema do tempo voraz	73
Carta a um grande amor	74
Dedicatória	76

CONSELHOS A UM JOVEM VIAJANTE

I	81
II	82
III	83
IV	84
V	85
VI	86
VII	87
VIII	88
IX	89
X	90

XI	91
XII	92
XIII	93
XIV	94
XV	95
XVI	96
XVII	97
XVIII	98
XIX	99
XX	100

Este livro foi escrito entre agosto de 2016
e junho de 2017, fruto de viagens pelo Brasil,
Argentina e Uruguai.

É dedicado à minha amiga Clara Baccarin.

"Só uso a palavra para
compor meus silêncios"

Manoel de Barros,
trecho de *O apanhador de desperdícios*

POESIAS FEMININAS

POEMA DA MULHER QUE CHORA

Sai do trabalho,
Acende o cigarro
A passos largos
Tenta espantar o cansaço
De uma longa jornada,
Em seu encalço.
Chega a casa
Acende a luminária,
Depara-se com o som de nada
Em meio à sua sala.
Rente ao espelho,
Marcas no rosto
Lágrima,
Desgosto pelo fim do namoro.
No seio de seus seios
Estava cheia de receios,
À procura por novos anseios.
Dúvidas cresciam com a amargura,
Deixando-a insegura.
Depois desse dia,
A tristeza não seria mais constante
Decidiu, era hora de seguir adiante.

POEMA DA MULHER QUE SORRI

Morena
Acorda sem demora,
Espanta o cansaço
Acende o cigarro.
Passados os problemas do passado
Ela faz novos planos,
É hora de mudança, sem enganos.
Na rua dita seu próprio ritmo,
Em passos seguros
Ao longo da calçada.
A caminho do trabalho
Depara-se com o acaso.
Na lembrança os tempos de infância,
Congelados no tempo
Contidos num pequeno folheto.
[de aulas de dança].
Depois do escritório,
Segue o caminho
Rumo a um novo objetivo.
Nas aulas se fascina,
Era o retorno à dançarina
Antes, esquecida.
Na salsa
Soltou-se
De velhas amarras,
Entrando em sintonia
Com seu corpo
E com a vida.
O sorriso tornou-se cada vez mais constante
Havia seguido adiante.

POEMA DA INTIMIDADE

Mulher despida,
Seios à mostra me mostra
O que antes desconhecia.
Com primazia,
Conta seus sonhos
Faz novos planos...
Sem hesitar,
Pouco a pouco
Deixa-me adentrar
Em silêncio.
Assim, escuto os batimentos
De suas angústias,
Ali dentro.
Com o tempo,
Ao tocar seu corpo
E suas feridas;
Compreendia o que ela sentia.
A mulher que naquele instante conhecia,
Marcaria por muito tempo
Minha vida.

POEMA DO AMOR LIVRE

Nosso amor é livre,
Porque reside
No espaço que existe entre nós.
Na distância e na ausência,
Ele se reinventa.
Modifica um ao outro...
A cada novo encontro
Nos perdemos,
No entrelaçar de corpos,
Paixões e sonhos.
Como se por um instante,
Esquecêssemos de tudo
Ficássemos mudos,
Por um momento
Movidos num só batimento.
Por amar, assim com intensidade
Hoje ao seu lado,
Provo o gosto da liberdade.

MULHER MULTIDIMENSIONAL

Sem igual,
Por horas passional-apaixonante
Na arte do amor
Não é mera principiante.
Por vezes, tímida
Procura distância de pessoas e assuntos
Sem importância.
Tem vezes que acorda impaciente,
Descrente com os outros.
Acha tudo um pesadelo,
Quer logo mudar o cabelo
Se olha no espelho,
Com a obsessão incessante
De perder peso.
Mas tem dias nos quais se sente segura,
Em sintonia
Consigo mesma e com a vida.
Ela é romântica à Cristina
Faz novos planos,
Deseja uma nova paixão.
Há momentos que diz:
Não!
Não quer se envolver,
Pois o amor já lhe fez sofrer.
Jovem, sonhadora e intrigante
Busca seu espaço,
Quer ir adiante!
Ela quebra barreiras
Vence preconceitos e fronteiras,
Se reinventa a todo momento.
Uma mulher para além de seu tempo.

Para Nathália Cardoso Schweder.

POEMA DA MULHER MARGINAL

Atraem-me as palavras não ditas,
Emoções perdidas em gavetas carcomidas.
Tenho gosto pelo tempo,
Pouco a pouco toma conta de tudo.
De tudo o que mais prezo.
São as coisas desprezadas,
Objetos sem uso,
Esquinas sem nome
Lixo sem luxo — detrito,
Cotidiano perdido.
É nesse terreno sem dono,
Nem muros que construo
O alicerce da minha vida.

BALADA DE UMA MULHER COMUM

Ela cansou de acordar cedo,
Arrumar-se com pressa
De caminhar depressa
Rumo ao trabalho.
Cansou de cumprir horário,
Ficar horas sentada.
Cansou de ter pouco dinheiro,
Pouco divertimento;
E de viver sempre cansada.
Cansou-se de relacionamentos,
De se entregar a cada nova paixão;
Ao final, tudo provar-se em vão.
Cansou de dormir pouco,
Ler pouco;
E de não se reconhecer no outro.
Cansou-se de regras impostas,
Excessos de impostos
Interpostos em sua vida.
Cansou principalmente de ser invisível,
E de nada preencher esse vazio.
Por estar cansada disso tudo,
Já era hora de dar à vida
Um novo rumo.

A MENINA QUE CONTAVA ESTRELAS

Ela, desde muito nova,
Contava as estrelas com destreza
O contato com a natureza
Foi a sua primeira língua
Muito antes da portuguesa.
A menina cresceu,
Cresceram as dúvidas
Bem como o desconforto
Com ideias muito estruturadas,
Ou planos de vida
Vistos em propagandas de margarina.
Cansou-se de banalidades,
Do caos e estresse das cidades.
Quebrou barreiras
Afirmou-se como mulher!
Tomou gosto pelo desconhecido
Percorreu fronteiras e países
Nunca antes vistos.
Ganhou sotaques, novas histórias
E carimbos no passaporte.
Nesse rito de recomeçar,
Foi construindo os alicerces da sua poesia.
Passado o passado
O olhar é o mesmo dos tempos de infância,
Na qual contava com leveza
Todas as estrelas.

Para Clara Baccarin.

A POETISA

Discreta,
Não fala muito... nem precisaria.
Nos sentimentos diversos,
Cria os mais belos versos.

Ao longo da travessia
Transforma tudo em poesia.
Na sonoridade,
Explosão de feminilidade
Encontrou sua particularidade,
Sua voz
Sua identidade.

Para Luísa Meurer Tavares.

A VIAJANTE

Para viajar pelos quatro cantos da Terra,
É preciso alma de cigana;
Ter prazer pelo desconhecido
Andar com pouca bagagem,
Já que dessa vida não levamos nada...
Ela é uma viagem!

La *parisienne* segue seu rumo,
Numa busca por si mesma
Diversão,
A cada nova cidade conhecida.

Nesse último verão?
Seus pés passaram pelas paisagens de Delft,
Pelas falésias da Irlanda
Por Damasco,
Agora repousam numa linda manhã
Em *Chaumont*.

ODE À PAGU

No horizonte da poesia brasileira,
Ela tem destaque com certeza!
Símbolo de feminilidade,
Explosão
Anarquia!
E de quebra uma grande poetisa.

Nesse fluxo eufórico de melancolia,
Foi dia a dia
Construindo sua poesia.

*Para Patrícia Rehder Galvão (1910-1962),
a "Pagu".*

DO DESEJO INCOMPLETO

Queria te dizer, te amo,
Entregar-me por completo,
Confessar-te os mais belos versos
Ao pé do ouvido.
Despindo-me das velhas amarras e máscaras
Deixando-me levar por completo,
Sem virtude nem orgulho.
Mas na verdade não te amo,
Não, por não te querer!
Simplesmente não te amo,
Apesar de querer.

DO POEMA INCOMPLETO

Queria te dar os mais belos versos
Com grandes metáforas, rimas e metonímias
Mas não posso!
O que sinto?
Não sei dizer,
Tampouco descrever.
Por não saber,
Se te amo
Se te quero
Só sei assim,
Ao certo
Que sem você
Sinto-me incompleta.

ALICE

Ela caminhava pelas ruas
Insegura em passos imprecisos,
Um tanto indecisos.
Na bagagem muitas incertezas, inseguranças
Descrenças.
Alimentava em si mesma
A ideia de que não era perfeita.
Nesse roteiro de amargura,
Foi se sentindo insegura.
Duvidava de suas crenças,
Detesta sua aparência.
Tinha refletida no espelho a melancolia.
Não, menina!
Não carregue tanto peso nessa bagagem,
Afinal, estamos todos de passagem.

ANITA

Nunca gostou do convencional,
Nem de corresponder às expectativas alheias.
Levava a vida à sua maneira,
Sem muita pressa e no rosto as marcas
Do tempo
Pequenas histórias escritas nos contornos
Do seu corpo.
A cada novo amante,
O futuro ficava cada vez mais distante
Gozava o presente,
Não fazia grandes planos
Vivia o dia a dia
Sem grandes encantos.
Alheia à rotina,
Convenções sociais,
Boletos do banco,
Férias no litoral...
Foi se afastando de tudo que era banal.
Nesse rito de seguir apesar de tudo,
Foi construindo novos rumos
Reinventou-se como mulher.

POEMA DA MULHER SEM NOME

Ela acorda cedo,
Toma o café com pressa
Depressa regressa ao trabalho.
2 horas
2 ônibus depois...
Lá os passos são contados
— ao longo da calçada —
Não há tempo a perder!
Passadas horas sem prazer,
A essa altura está a escurecer.
Na sua face o cansaço estampado,
As luzes da cidade refletiam um desejo
Que crescia cada vez mais,
Era hora de deixar tudo para trás.

VERSOS DE UM QUARTO DE HOTEL

Na noite quente
Do Cerrado seco,
Seus olhos permanecem cerrados
De um só desejo.
A brisa é fria,
Seu tato quente,
Bem como sua lembrança
Em minha mente.
E eu
Transeunte experiente
Sigo novamente
Rumo a uma terra distante...
Não mais como antes.
Ele ficou para trás,
Esse momento não volta mais.

BEATRIZ

Ela tem 20 e poucos anos,
Olhos castanhos
Cabelos negros
Cheia de encantos e segredos.
Linda,
Tem levado a vida com leveza
No olhar,
A pureza dos tempos de menina
Que ainda tanto nos fascina.
Virtuosa, mesmo com pouca idade
Mas não se engane!
Não se entrega [a uma nova paixão]
Com facilidade.
É preciso coragem,
Desfazer-se das velhas máscaras, amarras
E orgulhos.
Assim
Adentrar-se seguro, sem medo
Nem rumo
No seu mundo.

Para Beatriz de Lucca.

POEMA DA MULHER QUE AMAVA

Amo-te
Amo-te sem pressa de te amar
Amo-te num calmo amor prestante,
Sem virtude
Que ama a cada instante.
Amo-te simplesmente por te amar
Assim, intensamente!
Num amor sem virtude,
Com um desejo maciço e permanente
No corpo e na mente.

A MULHER DE DAMASCO

Meia década perdida
Na guerra civil da Síria.
Tantas histórias, pessoas
Perspectivas.
É dela essa narrativa.
Sua idade,
Não sei precisar.
Seu nome?
Não sei pronunciar,
Mesmo se soubesse
Dificilmente alguém a escutaria.
Ela é jovem,
Nasceu em Damasco
Morava em Aleppo.
Perdeu pai, filho, perspectiva.
Por atentados de terroristas,
Por outros, também, mas que assim
Não são nomeados.
Presente? Hoje vive no passado.
Passado os atentados, fome e descompassos
Busca de forma brusca
Passagem pelo mediterrâneo.
Para isso,
Torna-se imigrante numa península grega
Distante.
Na travessia deixa tudo
Para trás,
Parentes, passado e patrimônio.
Para viver nesse novo lugar,
Muda de roupa, língua,
Princípios.
Porém, tudo é tão difícil nesse reinício...

Com a força que lhe resta na vida,
Constrói seu dia a dia
Na mutação constante,
De ser mulher
E
Eterna imigrante.

A MULHER MEDITERRÂNEA

La femme est dans la rue
Elle marche toujours,
Ce qu'elle cherche, est l'amour?
Elle ne laissez-pas aimer,
pas tomber amoureux.
La vie était très dure...
C'est pour ça que elle marche,
Et laisse lentement tristesse et mélancolie
Sur la mer de la Côte D'Azur*.

A mulher anda pelas ruas,
Caminha dia a dia
Será que o que ela procura,
É o amor?
Ela não se deixa amar
Nem se entregar a um novo amor.
A vida deixou marcas...
É por isso que ela caminha,
E abandona lentamente
Tristeza e melancolia
Sob o mar da Côte D'Azur.

* Côte D'Azur é a região do sul da França banhada pelo mar mediterrâneo.

CANTORA CARIOCA

Em uma noite quente do Rio,
Turistas caminham pelas orlas das praias;
Outros juntam-se aos locais em mesas de bares
Ao longo da Lapa.
Na Zona Sul, o vai e vem de táxis amarelos
E nas calçadas o caminhar de algumas garotas
de Ipanema.
Em um desses edifícios, logo na entrada algo
inesperado
Está a minha espera.
Há poucas luzes e uma menina e seu violão dão
o tom
Àquela noite de verão.
Ela dedilha aos poucos as cordas daquele
Instrumento,
Que mais parece uma extensão do seu corpo.
Veste um vestido listrado branco-preto,
Parte do seu cabelo preso e sua voz em timbre
Baixo
Embelezam todo esse cenário.
Aí percebo, até as mais belas canções de Tom
Ficam ainda mais bonitas
Se cantadas com vozes femininas.

Para Aline Lessa.

CANTORA CARIOCA II

Feriado,
Nas esquinas a letargia
De um dia sem significado.
Na atmosfera,
Apenas mais um dia de primavera.
Nesse céu limpo de noite carioca,
Uma garota de cabelo preto
Olhos verdes e sorriso no rosto,
Subia ao palco
Dando o tom a todo esse cenário.
Ela, como bicho de palco
Foi seguindo nesse mesmo compasso,
Conquistando todos em seu encalço.
Ecoava canções tristes,
Boleros provocantes
Interpretava como poucos Vinicius e Buarque.
Foi assim...
Depois daquele dia,
Que tive certeza!
Havia conhecido uma estrela.

INSTANTE ETERNO

Faz um tempo
Que venho perdendo horas ao vento,
Dormindo pouco
Vivendo ao relento.
Faz um tempo que venho abandonando antigas convenções,
Costumes desgastados,
Que mais tomam tempo do que ajudam em nosso crescimento.
Faz um tempo,
Mantenho você em meu pensamento,
Como bela recordação, grande acontecimento
Que acontece assim sem jeito, nem planejamento
Colocando a vida de pernas pro ar,
Mudando a noção de tempo.
Hoje, só hoje por um momento
Esqueço o futuro, nem almejo grandes
Acontecimentos.
Nesse instante,
Por um momento
Amar e morrer de amor por você,
É assim por si só
Meu único alimento.

A SOLIDÃO E A SOLITUDE

Minha dor é um conforto descontente,
Incômodo insistente
Que chega com a madrugada
Sem pedir passagem,
Como intruso insistente.
O vazio, dor no peito
Não é medo da morte,
Receio de quem não vive...
Não!
Minha dor é latente
Uma luta permanente,
Contra um só oponente.
Nesse embate em vão,
Restam algumas noites mal dormidas
Marcas no rosto, linhas ríspidas
Poesias escritas à mão
E a certeza de que na vida,
Não se vive sem solidão.

O SEGREDO DOS SEUS OLHOS

Teus olhos não têm uma só cor,
Mudam com a ação do tempo, vento
e intensidade.
Eles me contam histórias tristes
De amores incompreendidos,
Dores e descaminhos.
Hoje, mesmo com seu silêncio
Posso escutar a voz do teu olhar.
Dizes, sem dizer
Que queres ver uma nova mulher nascer,
No amanhecer do teu olhar.

POEMA DA MULHER LIVRE

Tímida,
Fala bem menos do que gostaria.
Por medir bem as palavras com constância
Mantém certa distância de assuntos
E pessoas sem importância.
Adora pessoas diretas,
Que dizem o que sentem
Sem medo de se comprometerem
Ou de se sentirem impotentes.
No coração,
Guarda grande sentimento
Um amor maior,
Maior que a coisa amada
Que ama e ensina a amar.
Mas ela não derrama
Todo esse sentimento
Sem resistir, Sem desconfiar!
Na vida o amor já lhe fez sofrer.
Ela é aventureira, alegre
Simples.
Nessa simplicidade foi construindo sua
Identidade.
Dos tempos de menina,
Guarda o gosto pela música
Os gestos ao falar,
O sorriso inebriante
E a vontade de gritar.
Hoje, virou mulher
Sabe muito bem o que quer,
Pois provou o gosto da liberdade
E dela não vive sem.

POEMA DA MULHER LIVRE II

Não me faça esperar,
Pedir
Nem implorar
Pois tenho pressa,
Já sei caminhar
E tropeçar nos meus abismos.
Hoje não quero mais nada pela metade!
Nem ser metade de ninguém...
Sou inteira
Forte,
Imperfeita.
Hoje,
Quero mais do que amor
Quero aventura,
Menos estabilidade
Mais intensidade.
Quero me perder,
Sem me prender
Nem deixar de amar você.

COUP DE FOUDRE*

Sans toi,
La vie est dure
Délicat.
Sans votre baiser
La vie ne peut pas passer
Sans ton goût,
Je perds tout.
Sans ton amour
Je vivre chaque jour,
Perdue
Dans la rue
Comme un coeur qui battre très vite.

Sem você
A vida é dura,
Delicada.
Sem teu beijo
Tudo fica parado.
Sem teu gosto
Perco tudo
Sem teu amor
Vivo cada dia,
Perdido
Vivendo na rua
[À revelia]
Como um coração insistente
Que bate intensamente.

* Coup de foudre: paixão à primeira vista/ avassaladora.

INTIMIDADE

Seu silêncio foi pouco a pouco
Me corroendo por dentro
Antes, as conversas longas
Os risos,
As juras de amor ao pé do ouvido
E as piadas contadas sem pressa.
Hoje,
São poucas as palavras
Muitas vezes monossilábicas,
Como quem responde com pressa
Por obrigação,
Sem prestar muita atenção.
[O que nos aconteceu?]
Tem vezes
Que o amor não basta,
É preciso atenção
É preciso paixão.

INTIMIDADE II

Ela tinha no olhar
Um ar de abandono
No corpo marcado,
Um incômodo claro
O coração antes pulsante
Hoje, pulsa cambaleante
O que proporcionava tanta alegria,
Nesse instante causava melancolia
O ar pesado daquele quarto,
Anunciava em versos claros
Nosso amor havia acabado.

A MENINA E A BORBOLETA

Ela não precisava
Dizer quase nada
Bastava um olhar,
Gesto
E seu amor
Era manifesto.

A CAIXA DE PANDORA

Julgaram a mulher,
Nem tentaram compreendê-la
Não pediram desculpas,
Colocaram-na
A culpa!
Sobre seus seios puseram todo o peso do mundo
A perfeição lhe foi imposta,
Os impostores travestidos com suas máscaras
De orgulho
Mal eles sabiam,
Haviam matado seus lados femininos.

BAILE DE MÁSCARAS

Acostumada a agradar os outros,
Ocultar angústias e desgostos
Pouco a pouco se esquecendo quem era,
Foi se perdendo em meio à multidão.
Já não sabia mais que vestia
Uma fantasia,
E que aquele baile
Era uma ilusão.

BILHETE DE DESPEDIDA DE UMA QUARTA-FEIRA DE CINZAS

Ela me contou,
Tudo aquilo que sentia
Já não era mais alegria
A linda história que antes vivia
Hoje se tornou melancolia.
A culpa não é sua, ela dizia
É minha!
Vesti muito tempo uma mesma fantasia
Mas no fundo, tudo o que eu queria
Era que aquela magia
Que antes nos movia
Voltasse o quanto antes às nossas vidas.

A MENINA DO VESTIDO LISTRADO

Ela é tímida,
Fala bem menos do que gostaria
Tem cabelo encaracolado
Veste sempre um vestido listrado.
Detesta fazer planos
Repetir rumos
E se perder numa mesma rotina.
Ela é jovem,
Linda
Mas tinha baixa autoestima.
Sentia uma falta
Que tomava conta do peito
Por vezes,
Deixando-a vazia.
Com o tempo,
Foi abandonando certos medos e receios
Estava à procura por novos anseios.
Pouco a pouco se soltando de antigas amarras,
Foi se sentindo mais madura e segura.
Desde então,
Ela não temia mais a solidão.

CONFISSÕES AO PIANO

Explodi
Meus pedaços foram encontrados em ruas e becos
Não nomeados.
Morri
Tantas vezes que o medo que sinto hoje é poeira.
Queria seguir te amando,
Mas estaria me machucando e te enganando.
Pois o calor que aquece à noite,
Já não é mais seu
É meu!
Vem desse desejo que me bole por dentro,
Numa busca por mudança,
Numa busca por alento.
Poderia te amar,
Mas sou mar revolto,
Me revolto toda vez que abro mão
Da minha liberdade.
Para falar a verdade,
O desejo e desespero
Que hoje sinto
São meus.
Com o tempo darei um jeito
De arrancá-los do meu peito.
Ao final,
Seguirei tocando meu piano
Desafinado e hesitante,
Numa busca incessante
De me tornar uma mulher
Melhor do que antes.

VERSOS DIVERSOS

CORES DO BRASIL

Dos três grandes afluentes
Que irrigam nossas veias e semeiam
Nossas mentes,
Fostes o primeiro!
Filho dessa terra,
Conhecedor de suas matas, riachos e nascentes.
Nessa terra nomeada por portugueses,
Hoje estão enterrados seus descendentes.
Parte de sua história,
Perdida em rios cobertos de sangue, lágrimas
Rubros frente ao seu orgulho.
Portanto, toda vez que gritarem
Pátria Amada!
Não te esqueças dos seus antepassados
Dos sonhos, vidas e recursos caçados.
Nas ruas não há seu nome,
Nem estátuas em sua homenagem
Mas o vermelho continua nítido
Em nossa paisagem.
[Não esqueçamos nos índios!]

CORES DOS BRASIL (PARTE 2)

Dos três grandes afluentes
Que irrigam nossas veias e alimentam
Nossos ventres,
Fostes o último.
Filho desterrado,
Das terras áridas da África.
Seus descendentes,
Sonhos,
Vidas sequestradas
Na travessia atlântica.
Nessa tentativa de recontar
Suas memórias,
Caio em lágrimas...
Impossível, tirá-los de minha memória.
Nessa história,
Desta face, credo e tonalidade
À nossa brasilidade.
Cantastes a canção da vida,
Até mesmo em peles marcadas
Por ódio e melancolia.
Fostes preciso na luta incessante
Contra o racismo.
Mesmo em meio à cegueira de nossos ancestrais,
Não podemos deixar seu passado para trás.
Sois sóis em meio à noite,
Sois estrangeiros além-mar
Sois o sangue escorrido
Por este solo.
Sois orgulho,
A raiz
Que nem mesmo o oceano pode separar,
Tampouco o tempo apagar.

BRASIL E O BRASILEIRO

Nasci,
Sou descendente de uma nascente
Centrada na bacia amazônica.
Nesse rio turvo-obscuro distingue-se
Três grandes afluentes:
Índio, Branco e Negro.
Colorem todo o relevo desse país tropical,
De terras áridas, águas alcalinas e
Intenso clima.
Nesses oito milhões de metros quadrados,
Duzentos milhões de almas... fiz minha morada.
Percorri cinco regiões,
Aprendi seus sotaques, credos e contrastes.
Com o tempo vi desnuda a amargura
de meu país.
Fui pedinte, perdi filhos em filas de hospital;
Passei fome e sono em meio as noites
Das cidades.
Apesar dos pesares,
Desde cedo tomei gosto pela vida
E pela música.
Descobri grandes poetas
Em meio às noites incertas.
Tomei gosto pelas minhas origens,
Tornei-me brasileiro.

LUSOFONIA

Não é somente a língua que nos une,
São nossas raízes portuguesas
Africanas!
Que nem mesmo os oceanos podem separar.
Tampouco o tempo pode apagar.

Para Fernando Pessoa.

ESPELHO

Sou a soma de todos os meus fracassos
Dos planos que não deram certo,
Os descompassos.
Das decisões tomadas às pressas
Indecisões paralisadas,
Das tentativas que levaram-me
A nada.
Sou a tristeza não fotografada,
A meta não comemorada
O tapa nas costas,
Desconsolo e feridas expostas.
Sou o corpo extenuado,
Poesia rasgada
Sou o incerto.
Perco hoje,
Reinvento-me amanhã.

PRESO NA PALAVRA PRESA

Alguns escritores
O fazem por hobby.
Outros para falar de amor,
Ou de qualquer outra dor.
Um punhado de poetisas pagam suas contas,
Com poesia.
Outros,
Com primazia enchem suas prateleiras vazias
Com best-sellers e entrevistas.
Eu?
Não sei ao certo como tudo começou,
Só sei que escrevo.
Não por reconhecimento,
Nem entretenimento.
Mas porque preciso!
Preciso em meio às linhas imprecisas
Expressar minha poesia.
Pois a vida é breve demais,
Para palavras não ditas
Emoções contidas,
Vidas não vividas.

CARTA A CARLOS DRUMMOND DE ANDRADE

Florianópolis, 18 de agosto de 2016.

Sr. Drummond,

Escrevo mesmo sabendo da impossibilidade
de sua resposta.
Exponho por meio dessa carta a minha
profunda admiração pela sua poesia. Mesmo
com a sua morte, sei que toda vez que leio
a sua antologia parte de sua vida e poesia lá
estão contidas, numa espécie de oráculo que
consulto de tempos em tempos.
Assim como o sr. também escrevo poesias.
Elas chegaram sem querer e sem bater à porta,
no verão de 2009 e ainda aqui estão.
No último ano tenho me empenhado
incessantemente na promoção e
aperfeiçoamento da minha escrita,
ela tem melhorado e os leitores chegaram.
Sei que a essa altura, você já deve estar cansado
de tantas vezes que falei da minha vida.
Mas afinal, não é disso que se nutre a poesia?
Posso lhe dizer que o Brasil mudou muito após
a sua morte, é um país mais plural porém ainda
muito desigual.
A literatura cresceu muito com a internet
e pude conhecer um grande número de poetisas
de todas as cinco regiões.
Por fim, digo-te que as cartas reservo apenas
para os grandes escritores, e dos poetas de
língua portuguesa fostes o maior, com certeza.

QUEBRA CABEÇAS

A cada lugar visitado
Um pequeno pedaço para trás é deixado.
Uma parte de mim
Permanece pelas ruas,
Aos sons da Lapa.
Ao caminhar por Puerto Madero,
Ao sentir o gosto dos ventos de Ouro Preto.
Ao final,
Apaixonar-me por Montreal.

TERRA DOS MIL SÓIS

Na terra dos sóis,
Nunca estás sós!
Há sempre pessoas e carros
Em movimento
Bem como chuvas, esperanças e ventos
Que mudam de direção a todo o momento.
Nesse mesmo chão cortado por rotas,
História e memórias,
Que escrevo estes versos em vão.
Em Montevidéu,
O Velho e o Novo
Andam lado a lado
Dividem a mesma esquina.
À esquerda o século XIX,
Mais acima, XXI.
Lugar de contrastes, mercados
Artesanatos e arte.
Aqui antes vivia Galeano
Hoje me despeço,
Levando retratos e lembranças
Deixando uma parte [de mim] para trás.
Por fim, desejo um novo regresso
E aqui expresso amor e felicidade
Por nessa cidade ter sido adotado,
Hoje,
Sinto-me uruguaio.

Para Eduardo Galeano (1940-2015).

INSTANTE ETERNO II

Meu amor, com o tempo esquecerei
Esquecerei da estampa do teu vestido,
Da bebida que dividimos
Do menu que nos foi servido.
Esquecerei dos assuntos passageiros
Da música que escutamos...
Da razão desse encontro,
Do seu falar apressado e cheio de gestos,
Até mesmo dos meus comentários sem nexo.
Esquecerei do seu falar baixo na tentativa
De chamar atenção,
Do seu sorriso de canto de rosto
Para mascarar um ou outro desgosto.
Esquecerei de muitas coisas,
Com o tempo inventarei outras mais.
Mas não esquecerei,
Nem deixarei para trás
Os seus olhos verdes,
Tampouco seu olhar penetrante.
Não esquecerei do seu perfume
Nem do gosto do seu beijo.
Não esquecerei
Do seu toque suave,
Do afago tão desejado
Nem dos seios fartos e cheios de sensualidade.
Também não esquecerei da ênfase que demos
A esse amor intenso.
Meu amor,
Dessas coisas não esquecerei,
Pois são esses instantes
Que fazem da vida, algo tão instigante!

POEMA CIRCENSE

Dia após dia vou seguindo essa mesma rotina.
A cada cidade, ao abrir das cortinas
Tudo se transforma, o palco se ilumina.
A vida porém pouco a pouco desatina,
Aí visto minha fantasia.
Hora levantador de pesos,
Por vezes, equilibrista,
E vou seguindo na corda bamba imprecisa,
Na ilusão de ter o controle sobre a vida.
Nos dias em que bate a melancolia
Visto-me de palhaço à revelia,
A plateia segue entretida,
O único que não ri é o mesmo que faz os outros
Só-rirem
Mas o único dia de circo,
Que a pena valia
Eram as noites de globo da morte.
Na qual desafiava minha própria sorte,
Jogando pra fora medo e melancolia
Apostando todas as fichas, sem revelia.
Contudo, aquilo tudo de nada valia.
Pois a melhor das fantasias
Era a que combinava palhaço, desafiante
Da morte e equilibrista.
O domador de poesias.

Inspirado no filme "Bye Bye Brasil" de 1979.

INSTANTE ETERNO III

Sou uma avalanche de pulsações e emoções
Vou retirando pedra a pedra as barreiras,
De um caminho impreciso.
As certezas, pouco a pouco, abandonadas
Em esquinas vazias
De ruas sem nome,
De uma estrada sem rumo.
Hoje, abandono o meu futuro
Num desejo cada vez mais pulsante
De viver intensamente
Cada instante.
Por acreditar em quase nada,
Dando ao ouvido aos meus instintos
Hoje mergulho de cabeça
Num mar de incertezas.
Assim vou vivendo
Uma vida de marinheiro,
Navegando porto a porto
Abandonando tudo o que é pesado demais
Para se carregar.
Deixando inseguranças, ansiedade para trás.
A cada nova cidade
Um novo horizonte se abre em minha mocidade.
Hoje, quero as conversas longas,
Os olhos nos olhos,
A mulher que ama,
O corpo que se entrega.
Sou o poeta que abandona versos repetidos,
Não quer mais grandes rimas
Nem palavras de amor já ditas.

Hoje em dia,
Quero apostar todas minhas fichas
Em paixões incertas.
E gozar esse momento,
Seja vencendo,
Seja me perdendo.
Apenas me rendendo
Como o soldado que perde o que lhe é mais caro,
Para viver um encontro raro.
Hoje, não quero saber de anedotas
Nem ouvir fofocas contadas em voz baixa
Para não ofender terceiros.
Quero que me contes novidades,
Que me mostre suas qualidades...
Por fim, para que me apaixone
Pelos seus defeitos.
Hoje, mulher
Não precisa ser a mais bela
Nem desfilar em grande passarela.
Seja esse turbilhão de emoções
Esse rosto tímido,
Que desvia olhares toda vez que te fito.
Continue com os abraços apertados
Do seio generoso,
De um olhar cheio de perdão
Com um amor maior que o coração,
Que vive para amar
E morre de amor
Pela coisa amada.

POEMA À MULHER AMADA

Dar-te-ei tudo que precisares
E o que puder lhe oferecer.
Não garanto grande duração,
Tampouco estabilidade
Andaremos lado a lado da intensidade.
Até nos dias mais difíceis,
Seguiremos com coragem!
Mudaremos rotas, rumos
Antigos ritos serão esquecidos.
Respiraremos paulatinamente a pulsação
Dessa nova paixão.
Não precisaremos de muito dinheiro,
Moraremos aqui ou no estrangeiro
E no seio dessa história,
Marcada em nossas memórias
Diremos:
— Nos amamos mais do que pudemos!

PAIXÃO É PRESSA

Esse sentimento não sossega!
Devora-te por dentro às pressas
É dor intermitente,
Ausência que não cessa
Anseio incessante que por vezes cega
É prazer sem grande promessa
Desejo que de novo regressa.

PAIXÃO É PASSARINHO

Nasce sem pena,
Voa sem ninho.

POEMA DO TEMPO VORAZ

O tempo passa depressa demais...
Um dia se é garoto,
Noutro se é rapaz.
Assim,
Vai-se vivendo,
Querendo da vida sempre mais.
E ao olhar para trás
Acaba relembrando do tempo que não volta mais.

CARTA A UM GRANDE AMOR

Meu amor,
Nosso amor acabou
Desejo, intensidade, diálogo...
Ficaram no passado.
Nessa ânsia de amar depressa,
Defeito de todo amor jovem,
Foi assim...
Perdemos o rumo,
Caímos na rotina,
Paixão descabida.
Mas tudo o que passou
Foi para eu ser o que sou,
Afinal o que nos restou?
Restaram apenas lembranças,
Memórias marcadas
Nos nossos corpos,
Momentos felizes,
Que não mais retornam.
Meu amor,
Prometa!
Não irás esquecer o que passou
Mesmo se a dor bater
A solidão crescer,
Ou
Se um novo amor nascer
Não esqueça!
E se me encontrar na rua,
Não me trate com descaso
Como quem despreza
Tudo o que vivemos no passado.

És jovem e cheia de vida,
Haverão novos amantes
Novos namorados que te amarão
Mais
E
Melhor
Do que eu.
Apenas, meu amor,
Não esqueça de tudo que você viveu
Ao lado meu.

DEDICATÓRIA

Dia comum
Acordei com pressa
Como era costume,
Fui lendo as manchetes.
Crise em Brasília, incidente em Caracas,
Choros na Colômbia.
Assim sem perceber,
Deparei-me com o inesperado
O grande poeta havia nos deixado!
Fui subitamente aplacado por uma melancolia,
Como quem perde um amigo ou ente querido.
Em meio a essa manhã nebulosa,
Veio-me à memória uma antiga história.
Em dias como esse,
Uma nova estrela sempre nasce
Logo ao anoitecer.

Para Ferreira Gullar (1930-2016).

CONSELHOS A UM JOVEM VIAJANTE

I

No amor
Diferente da guerra,
Vence
Aquele que se entrega.

II

Felicidade é coisa simples:
Conversa longa,
Café expresso,
Simples gesto,
Gentileza,
Sentimento manifesto.

III

A maior riqueza que alguém pode ter
Sem possuir,
São os amigos.

IV

Amor não é difícil
É recíproco.
Onde existe pouca entrega,
Muita dificuldade,
Desconfio que não haja amor.

V

Não há felicidade
Sem perda,
Nem perda
Sem aprendizagem.

VI

Ensinaram-nos desde cedo
A importância de seguir
Rumo a um destino a ser percorrido,
Mas,
Esqueceram de avisar
Que o desvio também faz parte do caminho.

VII

A cada nova viagem
Lembre-se,
Carregue pouca bagagem.
Traga na mala apenas
Lembranças, sabores e histórias.

VIII

Durante o percurso,
Escreva novos rumos.
Mude a rotina,
Deixe velhos rituais para trás,
Esqueça um pouco os horários,
Mude alguma coisa, todo dia
No seu itinerário.

IX

A cada novo lugar que conhecemos
Mudamos algo,
Em nós mesmos.

X

Não se pode conhecer um mesmo lugar
Duas vezes.
Você mudou
E o lugar também.

XI

Quem aprende a caminhar
Por entre seus abismos
Nunca estará sozinho.

XII

Não carregue tanto peso na bagagem,
Afinal estamos todos de passagem.

XIII

A solidão e o silêncio serão suas companhias
Ao longo de todas as travessias.

XIV

Torna-te quem tu és,
Pois só assim serás,
Ao menos por um instante,
Mais livre do que antes.

XV

Aprenda a escutar os seus silêncios,
Pois há um mundo que pulsa aí dentro.

XVI

Jamais se pode conhecer as coisas como elas são.
Com muita sorte, você poder ter uma ideia
Sobre como são as coisas.
A vida é uma grande metáfora!

XVII

Dor no peito é sentimento preso,
Lágrima não derramada,
Desejo não realizado,
Sonho encarcerado.
A vida,
Guardada no passado.
Tristeza, receio,
Medo,
Dor no peito é poema preso.

XVIII

No amor e no perdão
Não se engane, não!
Somos todos amadores.

XIX

Para fortalecer os seus passos,
Aprenda a lidar com os seus fracassos.

XX

Se eu fosse apenas alegria,
Não haveria poesia.

©2018, Gustavo H. Schmitt

Todos os direitos desta edição reservados
à Laranja Original Editora e Produtora Ltda.

www.laranjaoriginal.com.br

Edição **Clara Baccarin**
Projeto gráfico **Arquivo**
Hannah Uesugi e Pedro Botton
Produção executiva **Gabriel Mayor**

Texto revisado segundo o Novo Acordo
Ortográfico da Língua Portuguesa

DADOS INTERNACIONAIS DE CATALOGAÇÃO
NA PUBLICAÇÃO (CIP)
(CÂMARA BRASILEIRA DO LIVRO, SP, BRASIL)

Schmitt, Gustavo H.
   Instante eterno / Gustavo H. Schmitt. —
1. ed. — São Paulo: Laranja Original, 2018.

ISBN 978-85-92875-27-5

1. Mulheres — Poesia 2. Poesia brasileira
I. Título.

18-12503	CDD-869.1

Índices para catálogo sistemático:
1. Poesia: Literatura brasileira 869.1

Fontes **Circular e Lyon Text**
Papel **Pólen Bold 90 g/m²**
Impressão **Forma Certa**
Tiragem **300**